LA COLONIE

DE

LA GUADELOUPE

ET LE

PROJET DE LOI SUR LES SUCRES

PARIS

LIBRAIRIE DE ÉTIENNE SAUSSET

7, BOULEVARD SAINT-MARTIN, 7

1884

LA COLONIE

DE

LA GUADELOUPE

ET LE

PROJET DE LOI SUR LES SUCRES

PARIS

LIBRAIRIE DE ÉTIENNE SAUSSET

7, BOULEVARD SAINT-MARTIN, 7

—

1884

LA
COLONIE DE LA GUADELOUPE

ET LE

PROJET DE LOI SUR LES SUCRES

RAPPORT

ADRESSÉ

AU GOUVERNEUR DE LA GUADELOUPE

PAR LA COMMISSION

INSTITUÉE PAR ARRÊTÉ DU 19 AVRIL POUR RECHERCHER LES MOYENS DE REMÉDIER A LA CRISE QUE TRAVERSE NOTRE INDUSTRIE SUCRIÈRE

MONSIEUR LE GOUVERNEUR,

La commission[1] que vous avez instituée, sous la présidence de M. le directeur de l'intérieur, pour examiner la situation de notre industrie sucrière, a l'honneur de vous soumettre le résultat de ses délibérations.

Nous ne nous étendrons pas sur les causes de la crise, car elles sont bien connues. On sait, en effet, que la production du sucre, favorisée par la législation de certains pays, a pris en Europe un développement considérable, et que, depuis quelques années, on produit beaucoup plus qu'on ne consomme. Les prix

---

1. Membres de la commission :
    MM. Isaac, directeur de l'intérieur, *président;*
       Ch. Ducos, président de la chambre du commerce;
       Hanne, maire de la Pointe-à-Pitre;
       Isaac, conseiller général;
       R. Monnerot, usinier, *rapporteur;*
       E. Souques, usinier, conseiller général.

ne pouvaient que baisser au fur et à mesure que les quantités offertes augmentaient.

Depuis deux ans, la baisse sur le sucre blanc, n° 3, est d'environ 20 francs par 100 kilogrammes, soit d'à peu près 30 pour 100 de la valeur de ce produit.

L'Allemagne surtout a contribué à cet avilissement de prix. Sa production a plus que doublé pendant ces cinq dernières années. De 1879 à 1884, elle s'est élevée de 426,000 à 925,000 tonnes, desquelles 595,000 ont été exportées et sont venues encombrer tous les marchés.

Dans toute l'Europe, excepté en France, la taxe se perçoit sur la matière première et tout ce que le fabricant retire en sus du rendement présumé par la loi échappe à l'impôt et constitue pour lui une prime plus ou moins forte suivant la qualité de la betterave et le degré d'épuisement[1].

La France étant le seul pays où l'impôt est perçu sur le produit achevé et où, par conséquent, il n'existe pas de prime, les fabricants français, indigènes et coloniaux, se sont trouvés dans un état d'infériorité qui ne pouvait manquer d'amener promptement leur ruine. On devait naturellement réagir contre cette situation. De là, l'agitation qui s'est faite et se poursuit encore pour réclamer une législation analogue à celles des autres nations.

Le gouvernement n'a pas hésité à promettre son concours pour venir en aide à l'industrie sucrière et à l'agriculture également menacées par les primes étrangères.

Dans la presse comme dans les comités et les commissions, on a toujours proclamé hautement que les colonies ne souffrant pas moins cruellement que la métropole de la concurrence étrangère, elles devaient continuer à être traitées sur le pied d'égalité et que leurs sucres avaient droit à tous les avantages que la loi nouvelle ménagerait aux sucres indigènes. Notre droit à l'égalité de traitement reconnu par tous, par le gouvernement lui-même, n'a jamais été contesté.

Nous avons maintenant à examiner si les diverses propositions

---

1. Le droit en Allemagne est de 2 francs par 100 kilogrammes de betteraves tra vaillées, et on rembourse à l'exportation, par 100 kilogrammes de sucre, 23 fr. 50 à 28 fr. 75, suivant le degré de pureté du sucre exporté. En Autriche-Hongrie, l'impôt est basé sur la betterave, mais d'après la capacité des appareils servant à la travailler. La Hollande et la Belgique ont adopté l'impôt sur le jus.

faites pour remédier à la crise nous assurent les mêmes avantages qu'aux sucres de betterave.

IMPOT SUR LA BETTERAVE

Projet adopté par la commission des sucres.

Ce projet prend pour base les rendements suivants :

1° Pour les fabriques qui se servent du procédé de diffusion : 5 pour 100 pour la prsmière année, 5.25 en 1886-87, 5.50 en 1887-88 et 6 en 1888-89 ;

2° Pour les fabriques se servant de presses continues : 4.75 pour 100 en 1884-85, et 3° pour celles faisant usage de presses hydrauliques, 4.50 en 1884-85.

Le projet prévoit en outre une détaxe de 4 francs en faveur des sucres coloniaux.

Nous examinerons ce projet en prenant pour base les rendements de la première année, c'est-à-dire 5, 4.75 et 4.50, l'augmentation du taux légal de 1 pour 100, dans une période de trois années, devant être largement compensée par les excédents que procurera l'amélioration de la betterave. En Allemagne, de 1871-72 à 1883-84, le rendement s'est élevé de 8.28 à 10.25, soit une augmentation de 2 pour 100. Il est présumable qu'en France la législation produira des effets analogues.

La moyenne des trois rendements adoptés par la commission est de 4.75 pour 100. Voyons ce qu'il en résultera.

Dans son projet d'impôt sur la betterave, M. Lebaudy demandait que le rendement fût fixé à 5.25 pour 100 pour toutes les fabriques et il justifiait ce rendement dans les termes suivants :

« J'ai pris pour point de départ un rendement en sucre raffiné de 5.25 pour 100 de betteraves, et j'estime que ce chiffre sera difficilement discuté même par les fabricants les moins favorisés.

« Il résulte, en effet, des documents publiés dans le *Bulletin de statistique*, par l'administration des finances, que les 7 milliards 211,274,000 kilogrammes de betteraves travaillées en France en 1882-83 ont produit 362,735,000 kilogrammes de sucre (exprimé en raffiné), soit un rendement moyen pour la France de 5.03 pour 100.

« Au rendement ci-dessus, il convient d'ajouter une partie du sucre abandonné jusqu'à présent dans les mélasses et qui sera extrait par les fabricants sous le régime de la loi nouvelle.

« Les systèmes d'extraction les plus élémentaires procure-
ront un excédent évalué à 20 pour 100 du poids de la mélasse,
soit 0.60 pour 100 du poids de la betterave, ce qui fera monter à
5.63 pour 100 la moyenne de la France. »

On suppose ici une production moyenne de 3 kilogrammes de
mélasse par 100 de betteraves travaillées.

Quoique ce rendement soit bien au-dessous de la réalité, nous
l'adopterons pour nos calculs ; mais, comme par les procédés
connus et en usage dans tous les pays, on extrait de la mélasse
non pas 20, mais 35 à 40 pour 100 de sucre, nous prendrons
35 pour 100, ce qui augmentera le rendement de 1.05 pour 100
et le portera de 5.03 à 6.08.

La moyenne[1] des trois rendements prévus par la commission
parlementaire pour la première année étant de 4.75 pour 100 de
betteraves et celui qu'on obtiendra étant de 6.08, il résultera une
différence de 1 kilogr. 33 pour 100 ou 13 kilogr. 300 par 1,000
kilogammes de betterave qui échapperont à l'impôt et constitue-
ront, aux droits de 45 francs, une prime de 6 francs par 1,000
kilogrammes de betterave ou de 10 francs par sac de sucre.

Il n'y a certes rien d'exagéré dans les appréciations servant de
base à ces calculs. Nous aurions pu, sans être accusé de parti
pris, raisonner sur un rendement plus fort, par exemple sur celui
de la campagne 1881-82, qui fut sensiblement plus élevé[2]. On
pouvait, de même, supposer l'extraction admise partout pour la
mélasse de 38 pour 100 de sucre, mais il nous a paru préférable,
au risque de rester au-dessous de la vérité, d'adopter des bases
qui seront à l'abri de toute critique.

---

1. En 1882-83, 496 fabriques ont fonctionné : 134 avec la diffusion, 154 avec
les presses continues et 208 avec les presses hydrauliques. La moyenne des rendements de 5, 4.75 et 4.50, d'après le nombre de fabriques de chaque catégorie, ne
donne que 4.71 pour 100 ; mais ce chiffre pouvant ne pas être exact, toutes les
fabriques n'ayant pas la même importance, nous avons adopté la moyenne plus
élevée de 4.75 pour 100.

2. D'après le *Bulletin de statistique et de législation comparées* publié par la
direction générale des contributions indirectes, en 1881-82, on a travaillé en France
6,528,678 tonnes de betteraves qui ont donné 335,575,913 kilogrammes de sucre
exprimé en raffiné, soit 5.14 pour 100 de betteraves et 213,442 tonnes de mélasse.
Le rendement, en 1883-84, a été encore plus élevé, soit 5.18 pour 100. On a travaillé, en effet, 7,500,000,000 de kilogrammes de betteraves qui ont produit
389,164 tonnes de sucre exprimé en raffiné.

IMPOT SUR LE JUS

Projet exposé par M. Fouquet devant la commission des sucres.

« Impôt perçu sur les jus bruts à raison de 1 kilogr. 150 gr. de sucre par hectolitre et par degré du densimètre pour la campagne 1884-85 et à raison de 1 kilogr. 200 gr. pour les campagnes suivantes :

« Droit de consommation porté de 40 à 48 francs les 100 kilogrammes de sucre raffiné ;

« Détaxe de 3 francs en faveur des sucres coloniaux importés sous pavillon français. »

D'après les chiffres officiels, on a eu en 1882-83 1,300 gr. de sucre par hectolitre et par degré du densimètre. La prise en charge étant fixée, comme le demande M. Fouquet, à 1,150 gr. pour la première année et 1,200 pour les suivantes, les excédents seront de 150 et 100 grammes représentant par 100 kilogr. de sucre raffiné, au droit de 48 francs, une prime de 5 fr. 50 cent. en 1884-85, et de 3 fr. 70 cent. pendant les autres années. Le traitement des mélasses, à raison de 3 pour 100 des betteraves et 35 pour 100 d'extraction, donnera par 100 kilogrammes de sucre, le rendement étant de 6,08, 8 fr. 30 cent. La prime sera en totalité, pour la première année, de $(5.50 + 8.30) = 13.80$, et (de $3.70 + 8.30) = 12$ fr. pour les autres campagnes.

Les deux projets tendent donc à assurer à la sucrerie indigène une prime de 10 à 12 francs par 100 kilogrammes de sucre raffiné, soit de 10 francs environ par 100 kilogrammes de sucre brut, 88°.

Nous n'avons pas tenu compte des frais d'extraction du sucre de la mélasse, admettant que ces frais sont amplement compensés par le prix de vente, indépendamment de l'exonération du droit.

Il peut même rester de ce chef au fabricant un boni que nous n'avons pas fait entrer en ligne de compte.

Et que donne-t-on aux colonies pour leur assurer cette égalité de traitement qu'on a toujours promis de leur conserver tant qu'il s'est agi de réclamer ensemble contre la concurrence des primes étrangères ? Une détaxe de 3 à 4 francs, et encore a-t-on proposé d'y mettre la restriction d'importation par navires français !

Une détaxe, fût-elle, comme la prime des indigènes, de 12 francs, ne compenserait point les avantages demandés pour le sucre de betterave.

Le producteur ne profitera pas seul de la détaxe ; il est certain que l'acheteur en gardera la plus grosse part. En dégrevant les sucres coloniaux de 3 à 4 francs, c'est au maximum un avantage de 1 fr. 50 cent. à 2 francs qu'on leur ferait. Que le fabricant métropolitain vende ses sucres en France ou à l'étranger, la prime que l'on veut lui assurer par la législation nouvelle lui sera toujours acquise. Les avantages de la détaxe disparaissent au contraire pour tous les sucres coloniaux vendus hors de France. C'est là une très grande inégalité qui vient s'ajouter au quantum de la prime.

La chambre de commerce de Nantes a proposé d'élever le droit à 46 francs pour les sucres étrangers et indigènes, en le maintenant au taux actuel de 40 francs pour ceux des colonies. Dans la pensée des auteurs de cette proposition, la différence de 6 francs devait compenser, pour les colonies, les avantages que la sucrerie métropolitaine aurait retirés de l'impôt sur les jus. Ce projet avait été approuvé par la chambre d'agriculture de l'arrondissement de la Pointe-à-Pitre, mais elle est revenue sur cette première appréciation dès qu'elle a pu connaître, par l'exposé de M. Fouquet devant la commission des sucres, les avantages considérables qui découleraient pour les sucres de betteraves de l'application de l'impôt sur le jus ; on a considéré, en outre, que les 6 francs ne nous profiteraient pas complètement, que la moitié au moins reviendrait à ceux qui achèteraient nos sucres et qu'il était bien inutile que le trésor s'imposât un sacrifice qui serait censé fait en faveur des colonies et qui profiterait surtout à des intermédiaires qui n'ont jamais eu à souffrir des primes allemandes et qui, d'ailleurs, ne réclament rien. Il a été dit, enfin, que l'adoption de ce projet sacrifierait tous les fabricants de sucre brut[1] et, en même temps, tous ceux qui vendent des cannes aux usines, propriétaires d'habitations et petits planteurs. Il ne reste plus, en effet, pour débouché aux sucres bruts que le marché américain. Quel avantage retireraient-ils d'une prime payée en France, sur sucres importés en France ? La situation serait exactement la même pour ceux qui livrent leurs cannes aux usines, puisque le prix d'achat est établi d'après les cours du

---

1. Aux colonies, on entend par sucres bruts les sucres *non turbinés*.

sucre brut, bonne quatrième. La chambre d'agriculture, conformément du reste aux propositions des membres de la représentation coloniale et de la commission du comité central des fabricants de sucre réunie à Saint-Quentin, a conclu en dernier lieu à une prime de sortie, quelle que soit la destination des sucres·

Si on crée des primes à la sucrerie indigène, c'est pour lui permettre d'abaisser ses prix de revient qui sont déjà moins élevés que les nôtres.

Comparons donc les frais de production du sucre en France et aux colonies [1].

	France		Colonie	
Achat de 1,000 kilogrammes de matière première, cannes ou betteraves	20 f.	»	22 f.	»
Frais de fabrication	15	»	17	»
Impôt (droits de sortie)	»	»	2	85
	35	»	41	85
A déduire : pulpe, mélasse, tafia	5	»	2	50
	30	»	39	35
Sucre par 1,000 kilogrammes	65 k.	»	92 k.	»
Revient de 100 kilogrammes de sucre en fabrique	46 f.	15	42 f.	77
Transport, fret, assurance, commission, etc...	2	»	10	»
Revient des 100 kilogrammes sur le marché français	48	15	52	77

Le rendement de 92 kilogrammes de sucre turbiné par tonne de cannes étant celui obtenu, en moyenne, en 1883, par les usines centrales les plus perfectionnées de la Guadeloupe, nous avons adopté, pour la betterave, un rendement de 65 kilogrammes de sucre, qui est celui des fabriques se servant du procédé de diffusion.

Le sucre colonial revient donc actuellement en France à 4 fr. 60 cent. de plus par 100 kilogrammes que le sucre de betteraves, et c'est à cette infériorité résultant de la nature des choses, qu'on voudrait en ajouter un autre de 10 francs. Le sucre de betteraves qui coûte 48 francs ne reviendrait qu'à 38 francs sous

---

1. Les frais pour la France ont été puisés dans le *Journal des Fabricants de sucre* du 26 mars dernier ; ceux pour les colonies résultent des comptes des usines de la Guadeloupe.

*

la législation nouvelle, et celui des colonies continuerait à coûter 53 francs, moins 2 francs pour la détaxe, 51 francs, soit une différence de 13 francs. D'un côté, 38 francs, et de l'autre, 51 fr., voilà l'égalité de traitement qu'il est question de nous donner.

La production française indigène s'augmentera dès la première année de tout le sucre qui sera extrait des mélasses, soit d'environ 70 millions de kilogrammes, ce qui les portera d'emblée à 500,000 tonnes. Excité par les bénéfices que procurera la prime, on améliorera les cultures, on les étendra, on fera de nouvelles fabriques, on perfectionnera celles qui existent, et, d'ici à très peu d'années, la France produira, comme l'Allemagne, 1 milliard de kilogrammes de sucre. Elle sera alors pour ses colonies ce que l'Allemagne aura été pour elle.

On n'importe pas du sucre en Allemagne, on en n'importera pas non plus en France. La sucrerie indigène pourvoira seule à la consommation française et l'excédent de sa production ira, avec les sucres allemands, peser sur les marchés étrangers. Une loi française aura chassé nos produits du marché de la mère patrie et décrété leur avilissement dans le monde entier. Et, quand on aura ruiné l'industrie sucrière à la Guadeloupe, à la Martinique, à Bourbon et à Mayotte, que restera-t-il pour vivre aux Français de ces petits pays ?

Tous ceux qui connaissent les colonies savent que la culture de la canne et la fabrication du sucre constituent non pas la première, la deuxième ou la troisième, mais la seule, l'unique industrie de leurs habitants.

Quand on parcourt la Guadeloupe, on est étonné de ne pas y trouver cette variété de cultures qu'on voit dans les autres pays. On n'aperçoit que des champs de cannes à sucre, soit qu'on traverse un centre d'usine, soit qu'on pénètre dans une de ces localités habitées par les petits propriétaires. Pas une maison, pas une cabane à côté de laquelle ne se trouve une plantation de cannes plus ou moins considérable.

Dans la partie montagneuse de l'île on trouve bien quelques autres cultures : café, vanille, cacao et roucou, mais ces cultures jouent un rôle tout à fait insignifiant dans la production. Il suffit, pour s'en rendre compte, de consulter les états publiés par le service des douanes.

On y constatera, par exemple, qu'en 1883 la valeur des denrées du cru exportées s'est élevée à............ 29,161,078 fr.   »

dans lesquels le sucre et ses sous-produits,
mélasse et tafia, sont compris pour........ 27,822,814   »

et qu'il ne reste pour les autres produits que [1]   1,338,264 fr.   »

On pourrait croire que la Guadeloupe produit d'autres denrées qui, consommées dans le pays, ne figurent pas dans les états de douane. Il n'en est rien. On ne vit aux colonies que par l'importation. En dehors du sucre, du café, du tafia et de quelques rares légumes, tout ce qui se consomme ici vient de l'extérieur. Qu'il s'agisse de matériaux de construction, de vêtements, de mobilier, d'articles d'alimentation, de machines, d'outils, d'instruments et d'engrais pour l'agriculture, d'animaux pour le travail ou la boucherie, tout ce qui est indispensable à la vie du riche et du pauvre, tout, sans exception, arrive du dehors.

Comme les produits s'échangent contre les produits, le jour où les 28 millions de sucre exportés viendraient à manquer, les importations se réduiraient de cette même somme. Alors ce serait, nous ne craignons pas de le dire, la famine exerçant tous ses ravages dans notre pays. Nul n'échapperait au désastre. Les personnes qui paraissent les plus désintéressées dans la question seraient également atteintes. En effet, les 28 millions qui se trouvent sur nos états d'exportation sont toujours en grande partie dépensés dans le pays, en frais de salaires, de culture et de fabrication, de transports, d'appointements d'employés, d'impôts, etc. En d'autres termes, tout ce qui a servi dans la colonie à rémunérer ceux qui ont contribué à la création de cette valeur est versé dans la circulation et sert d'aliment au commerce.

1.   DENRÉES DU CRU EXPORTÉES EN 1883 :

DÉSIGNATION DES DENRÉES	QUANTITÉS	VALEURS
Sucre......................	51.619.324 kil.	26.474.726 fr. »
Mélasse....................	851.010 lit.	211.660 »
Rhum et tafia.............	2.343.708 lit.	1.136.428 »
Sucre et les sous-produits....	....	27.822.814 »
Autres denrées.............	....	1.338.264 »
Total....................	....	29.161.078 fr. »

Il n'y a pas, à proprement parler, de rentiers à la Guadeloupe. Chacun y vit de son travail. On peut donc affirmer que tout argent dépensé vient d'être gagné par celui qui le dépense. L'industrie sucrière représentant les 28/29es de la production totale, il est évident que les 28/29es de ce qui se dépense proviennent d'elle directement ou indirectement.

L'équilibre du budget serait profondément troublé. Quand les usines auraient éteint leur feux, quand la culture de la canne aurait été abandonnée, il n'y aurait plus ni patente, ni droit de sortie, ni droit d'octroi, et le produit des droits de consommation se réduirait à rien ; tous les services publics se trouveraient arrêtés. La terre n'aurait plus de valeur et on perdrait sans retour les 50 ou 60 millions représentés par nos fabriques, nos habitations et toutes les cultures qui en dépendent.

Vous avez donc eu raison, Monsieur le Gouverneur, de considérer la situation comme on ne peut plus grave. Déjà, quoi qu'on fasse, les bas prix actuels causeront d'irréparables désastres. Le découragement est d'autant plus grand que depuis longtemps on souffrait cruellement, mais on était soutenu par la pensée que la législation nouvelle nous viendrait en aide. Et c'est quand le mal est arrivé à son plus haut degré d'intensité que nous apprenons que cette législation, si impatiemment attendue, consommera notre ruine.

Il vous appartient de faire connaître le plus tôt possible au gouvernement de la République le malheur irréparable qu'entraînerait pour les colonies l'adoption d'un des projets sur lesquels la Chambre des députés aura prochainement à délibérer.

Nous le répétons encore en terminant : les colonies, ne pouvant pas avoir un traitement identique, demandent des avantages équivalents à ceux qui seront faits à la sucrerie indigène. Si la prime accordée à celle-ci est de 10 francs, nous ne serons sauvés que par un avantage semblable, et le moyen qui paraît à la commission le plus propre à atteindre ce but est une prime à la sortie de nos sucres, quelle que soit leur destination. Ce serait à tort qu'on objecterait l'importance de la charge qui en résulterait pour le Trésor, puisque nous ne réclamons que l'équivalent de la prime accordée à la betterave : nous voulons conserver l'égalité de traitement que nous avons et nous demandons que le sacrifice fait profite également à tous. Toute autre solution causerait notre perte.

M. Fouquet, dans son exposé, propose de porter le droit de consommation de 40 à 48 francs. Que cette proposition ou toute autre soit acceptée, il paraît certain que l'intention du Parlement est d'augmenter le produit de l'impôt de façon à fournir au budget la somme nécessaire pour garantir à l'industrie sucrière l'assistance dont elle a besoin. Ce que nous demandons, en résumé, c'est que les colonies soient appelées à prendre part, dans une équitable proportion, à la répartition des sommes qui seront ainsi consacrées à la sauvegarde des intérêts français métropolitains ou coloniaux.

Notre cause est si juste que la commission est persuadée qu'il y a exagération dans la panique qui s'est emparée des esprits depuis quelque temps, et qu'il suffira au chef de la colonie, au conseil général et à nos représentants devant les deux Chambres, d'en appeler au gouvernement, à la protection duquel tous les Français ont droit, pour que nos intérêts soient pleinement sauvegardés.

Telles sont, Monsieur le Gouverneur, les conclusions que la commission a l'honneur de vous soumettre et qu'elle vous prie de recommander au gouvernement et de faire connaître à la représentation locale.

Le Rapporteur,
R. MONNEROT.

Le Président,
A. ISAAC.

Pointe-à-Pitre, le 3 mai 1884.

DISCOURS

PRONONCÉ PAR

M. LE GOUVERNEUR DE LA GUADELOUPE

AU CONSEIL GÉNÉRAL

LE 5 MAI 1884

MESSIEURS LES CONSEILLERS GÉNÉRAUX,

Je vous ai convoqués en session extraordinaire pour que, conformément aux instructions de M. le ministre de la marine et des colonies, vous avisiez aux mesures que comportent les nouvelles et pressantes réclamations de l'industrie métropolitaine contre la situation faite aux produits français importés aux colonies.

D'autre part, et au moment où vont être votées dans la métropole des résolutions qui décideront du sort de la première de nos productions, de l'existence du plus important de nos revenus publics, il m'a paru indispensable que la voix la plus autorisée pour défendre la fortune locale, la voix du Conseil général, puisse se faire entendre.

Dans une lettre adressée le 24 janvier dernier à votre honorable président, M. le sous-secrétaire d'État de la marine et des colonies expose les plaintes que certaines industries ne cessent de faire entendre, au sujet de la trop active concurrence qu'elles rencontrent à la Guadeloupe, à la Martinique, à la Réunion, de la part des producteurs étrangers. Ces plaintes ont pris naissance le jour où les conseils généraux, en vertu des pouvoirs conférés par le sénatus-consulte de 1866, ont supprimé les droits de douane et leur ont substitué les droits d'octroi, frappant indistinctement, au profit des communes, tous les produits importés sans distinction d'origine.

Le malaise s'est progressivement aggravé par les lourdes charges que supporte l'industrie métropolitaine, par la longue et pénible crise qu'elle traverse, et il a atteint un degré qui nécessite l'assistance et le concours de tous.

Suivant la déclaration de M. le sous-secrétaire d'État, l'appel qui vous est adressé en faveur d'intérêts nationaux en souffrance ne porte aucune atteinte aux prérogatives dont le sénatus-consulte vous a investis. Les droits que vous tenez du législateur sont pleinement respectés. Vous êtes conviés, non à les abdiquer ou à les restreindre, mais à en user pour venir spontanément en aide, dans des circonstances critiques, à une population considérable d'ouvriers, de fabricants, d'industriels.

Ce n'est pas, et je ne saurais trop l'affirmer, un retour au système des restrictions commerciales depuis longtemps condamné, ni un amoindrissement des franchises coloniales. C'est un acte de sollicitude, de sympathique protection, qui vous est demandé au nom de cette solidarité qui lie étroitemeut les intérêts coloniaux à ceux de la métropole.

Il n'est nullement question, en outre, remarquez-le bien, de frapper par une mesure générale toutes les importations d'origine étrangère. Dans les conditions économiques où se trouvent les colonies, il serait difficile d'élever les droits déjà perçus à l'introduction de bien des produits, tels, par exemple, que les objets d'alimentation, les matières premières et les outils. Le projet qui vous sera présenté par M. le directeur de l'intérieur se borne à proposer de nouvelles taxes, variant de 5 à 10 pour 100, sur un nombre restreint de produits étrangers fabriqués, rentrant pour la plupart dans la catégorie du vêtement, et qui, d'après les relevés de la douane, ne seraient reçus à la Guadeloupe qu'en quantités relativement peu considérables.

Le caractère du vote que vous avez à émettre, Messieurs les conseillers généraux, étant ainsi nettement défini, les mesures à édicter limitées dans leur application, je ne puis que recommander instamment les propositions de l'administration à votre plus sérieux examen.

Dans une question dont la gravité s'impose, vous saurez, j'en suis convaincu, ménager tous les intérêts et peser mûrement toutes les conséquences de la résolution que vous prendrez.

Il ne vous échappera pas, surtout, que cet appui, cette protection, sollicités et attendus des pouvoirs coloniaux par des industries nationales, sont également et à la même heure sollicités et attendus des pouvoirs métropolitains par notre grande industrie sucrière, si cruellement atteinte. Les unes comme les autres doivent compter à titre de réciprocité sur le succès de leurs vœux et de leurs démarches.

Messieurs les conseillers généraux, vous connaissez l'origine et l'intensité de la crise sans précédents, qui, aux colonies, domine et absorbe toutes les autres préoccupations. Chacun de vous a pu voir de près les fatales conséquences d'une perturbation économique dont toutes les branches du commerce et de l'industrie reçoivent le contre-coup : les sucres tombés à un prix qui ne couvre même pas le producteur de ses frais d'exploitation ; nos produits invendus encombrant les magasins et nos quais ; le crédit public se montrant fort anxieux ; et, planant par-dessus tout, les inquiétudes et les appréhensions que font naître les éventualités des nouvelles lois projetées. Je n'insisterai pas sur ce tableau, d'autant plus attristant pour nous qu'il y a quelques mois à peine, lors de sa session ordinaire, le Conseil général se réjouissait avec l'administration des espérances d'une récolte exceptionnellement abondante, qui paraissait à l'abri de tous aléas, de tous mécomptes.

Le moment ne me paraîtrait pas opportun non plus pour nous occuper du problème si vaste et si complexe de la transformation des cultures coloniales. L'étude et la solution s'en imposeront dans un avenir plus ou moins rapproché. Mais, quant à présent, tous nos soins doivent se concentrer sur une crise à l'état aigu, qui nécessite une action prompte et énergique.

En France, dès que les intérêts considérables engagés dans l'industrie sucrière se sont vus atteints et gravement compromis, ils ont jeté un cri d'alarme, et le mouvement d'opinion qui s'est produit en leur faveur, l'empressement apporté par le gouvernement à la défense d'une cause nationale, les nombreux systèmes étudiés et discutés pour alléger leurs charges, témoignent du désir énergique de les protéger contre une concurrence qu'ils ne pouvaient plus affronter.

Les sucres coloniaux sont fondés à revendiquer, pour le moins, les mêmes sympathies et une égale sollicitude. Car, d'une production plus lente, plus coûteuse, plus aléatoire, d'un prix de revient plus élevé, ils sont tombés dans une position plus critique et plus périlleuse.

A défaut de l'identité de traitement qui, de l'aveu de tous, est irréalisable, M. le ministre de la marine et des colonies et nos honorables représentants, qui sont au premier rang les défenseurs des intérêts coloniaux en France, ont multiplié leurs efforts pour obtenir, dans la nouvelle loi à l'étude, un régime qui, tenant un compte exact des différences de situation, consacre un juste équilibre dans les avantages accordés aux sucres métropolitains et aux sucres coloniaux.

Tel sera certainement aussi le vœu que vous émettrez, Messieurs les conseillers généraux, lorsque vous aurez pris connaissance des éléments d'appréciation qu'une commission spéciale d'études vient de recueillir avec le concours de l'administration.

Je n'entrerai pas dans les détails de cet intéressant travail, dans l'examen des divers systèmes d'impôts qu'il rapproche et comporte, et je n'ai rien à ajouter à des considérations développées avec autant de clarté que de précision et de compétence. Seulement, et m'associant aux conclusions de la commission, je n'hésite pas à reconnaître l'imminence des dangers que court à cette heure la fortune coloniale, et à déclarer que parmi les propositions discutées jusqu'ici, celle qui réalise le mieux la parité de traitement entre les sucres métropolitains et les sucres coloniaux, la plus apte à sauvegarder ces derniers consiste dans l'allocation d'une prime à la sortie de nos sucres, expédié tant en France qu'à l'étranger.

C'est la solution équitable au premier chef, celle que nous devons souhaiter et réclamer avant toutes autres. Sans doute, elle se heurtera à de puissantes rivalités d'intérêt et ne manquera pas de soulever de sérieuses objections financières ; mais quoi qu'il puisse advenir, la situation exige, Messieurs les conseillers généraux, qu'en adressant un appel des plus pressants à la mère patrie, nous lui fassions connaître dans toute leur étendue nos inquiétudes, nos souffrances, et qu'en même temps nous lui signalions loyalement, sans timidité, le mode d'assistance que nous croyons le plus propre à nous relever et à conjurer les dangers de l'avenir.

Ce devoir accompli, nous rejetterons au loin toute pensée de découragement.

Plein de confiance dans le gouvernement de la République, qui poursuit trop résolûment le développement et la grandeur des colonies pour consentir jamais à les voir s'amoindrir, nous serons soutenus, d'autre part, par la certitude de retrouver en

**

toutes circonstances dans la population de la Guadeloupe cette admirable résignation, cette énergique et persistante initiative, dont elle ne s'est jamais départie au milieu des plus cruelles épreuves.

Messieurs les conseillers généraux, votre session extraordinaire est ouverte.

Vive la République!
Vive la Guadeloupe!

RAPPORT

PRÉSENTÉ PAR M. ISAAC

AU NOM DE LA COMMISSION DES SUCRES [1]

A l'ouverture de la séance, M. le rapporteur de la commission des sucres donne lecture du rapport suivant :

MESSIEURS LES CONSEILLERS GÉNÉRAUX,

Jamais le conseil général de la Guadeloupe ne s'est réuni dans des circonstances plus cruelles. La situation qui se prépare pour la colonie a ému tous les représentants et tous les défenseurs de ses intérêts.

M. le gouverneur a nommé une commission spéciale pour étudier quelles mesures il serait opportun d'appliquer à l'industrie coloniale menacée, et vient, en vous réunissant, de vous soumettre la question à votre tour. La commission administrative a déposé son rapport, qui vous a été distribué, Messieurs, et que vous connaissez.

Vous-mêmes avez constitué une seconde commission, dont j'ai l'honneur aujourd'hui de vous communiquer le rapport.

Qu'il me soit permis, en commençant, de rendre hommage à M. le rapporteur de la commission administrative, dont le remarquable travail nous a si bien servis.

MESSIEURS,

La crise que nous traversons est des plus graves. Elle est la plus profonde dans ses causes et la plus étendue dans ses effets que nous ayons vue. Nous sommes en présence d'une crise à peu

1. La commission est composée de MM. Souques, *président,* Bioche, Déjean, Dufond, Isaac, *rapporteur,* Lacascade, Rougé.

près universelle; et, quant à ses causes, elle est sortie des conditions même du progrès moderne, elle est la conséquence des combinaisons savantes et du système perfectionné d'impôts en vigueur dans certains pays d'Europe, lesquels poussent de plus en plus à la multiplication de la production au delà même des besoins de la consommation.

En Allemagne, en Autriche-Hongrie, en Belgique, en Hollande, l'impôt est assis, soit sur la betterave, soit sur le jus, soit sur la capacité des appareils — toujours suivant un rendement nominal que le rendement réel dépasse.

En France, au contraire, l'impôt est payé sur le produit achevé, qu'il frappe ainsi dans sa quantité intégrale; aucune portion n'y échappe. En France, le chiffre de la production multiplie l'impôt, sans compensation; ailleurs, le chiffre de la production multiplie aussi la prime.

Ajoutez à cela des conditions de travail telles que, par l'effet de la concentration de la fabrication et de la diminution de frais qui en résulte, — le prix de revient reste, en moyenne, au-dessous de 40 francs les 100 kilogrammes dans les sucreries allemandes, et qu'il est au-dessus de 50 francs dans les sucreries françaises.

Voilà pour la métropole.

Tandis que l'Allemagne peut supporter, en y gagnant encore, les bas prix que sa production a créés, — la France ne le peut pas.

Quelle est dans cette crise la situation faite à nos sucres coloniaux ?

Quelques chiffres vont la fixer.

1° En 1882, le n° 3 a valu, en moyenne, 65 francs les 100 kilogrammes.

En 1883, le n° 3 valait en moyenne 59 francs les 100 kilogrammes. Ce n'étaient donc pas des prix de hausse. Aujourd'hui, il vaut 45 francs. Soit en moins 14 francs.

La production sera, cette année, d'environ 42,000,000 de kilogrammes de sucres d'usine. Soit, à 14 francs en moins par 100 kilogrammes, un déficit de 5,880,000 francs pour le sucre d'usine.

2° En 1883, le sucre d'habitant a valu en moyenne 47 francs les 100 kilogrammes et il vaut maintenant 33 francs. D'où la même différence de 14 francs par 100 kilogrammes. La production en sucre brut sera de 12,500,000 kilogrammes. C'est, à 14 francs par 100 kilogrammes, un second déficit de 1,750,000 francs pour le brut.

Ces deux chiffres réunis constituent un déficit total de 7,630,000 francs.

Mais un tiers de cette somme représente seulement le manque à gagner; les deux tiers sont véritablement perdus.

On peut donc dire que la présente campagne coûtera à la colonie, sur la seule industrie du sucre, une perte de plus de quatre millions.

Vous connaissez, Messieurs, la situation des fortunes dans notre pays, et. vous savez si l'épargne publique est en état de réparer ces pertes. N'est-il pas vrai plutôt que l'épargne n'existe pas pour nous ? N'est-il pas vrai que nous vivons surtout de crédit ? Le rôle de la Banque et du Crédit foncier est connu de tous. Les nombreuses calamités que nous avons traversées (tremblement de terre, coups de vent, choléra, incendies, sécheresses), qui, par la destruction de notre outillage ou de nos récoltes, par la suppression de nos ateliers, etc., ont été, sous les formes les plus variées, des ruines toujours fort étendues — ne nous ont pas permis, à plus forte raison, de constituer une épargne.

N'oublions pas de mentionner, en outre, la situation spéciale de notre petit pays, isolé dans sa sphère, livré à ses seules forces, et s'efforçant de suivre la mère patrie dans les voies rapides de la civilisation que l'esprit moderne s'est ouvertes, obéissant, par là, à la loi irrésistible du progrès, sentant croître ses besoins et ses aspirations dans une proportion bien plus grande que ses ressources et ses forces. Et alors nous aurons, je crois, fait, à ce point de vue, un tableau fidèle et complet de notre état économique, et l'on comprendra combien est profonde et combien ruineuse la part que nous prenons dans la crise actuelle.

Et ici, nous pouvons dire que ce ne sont pas seulement les intérêts des grands industriels qui sont menacés, mais l'existence même des nombreux petits planteurs et colons partiaires attachés à leur fortune. Il ne faut pas oublier, en effet, que, dans notre production de sucre, la part fournie par les colons partiaires et les petits planteurs entre toujours pour 20 ou 25 0/0. Il est, de plus, évident que ce malaise ne tardera pas à s'étendre aux autres formes de l'activité coloniale. Il ressort de l'étude des états publiés par le service des douanes que le sucre et ses dérivés représentent, en moyenne, les 28/29es de l'exportation de la Guadeloupe. Quel sera le premier effet de l'atteinte portée à un produit qui représente une si grande part dans notre commerce extérieur ? Nous venons de voir que, dès cette année, la diminution, sur les conditions normales, sera de 7,630,000 francs : soit de plus de 27 0/0. Le premier effet d'une pareille déchéance sera une diminution correspondante dans l'exportation. La plus grande cherté de la vie, la rareté des denrées et du numéraire, etc., etc., sont autant de conséquences qui auront bientôt frappé nos autres productions , car tout se tient dans une société comme tout se tient dans un organisme quelconque, et un organe important n'y peut être lésé sans que tout le corps s'en ressente.

C'est ainsi que cette crise sucrière, déjà si profonde pour notre métropole, met la colonie à deux doigts de sa perte.

On demandera peut-être s'il n'était pas possible, en prévoyant ce résultat préparé depuis longtemps : l'avilissement des prix du sucre, — de se disposer à en diminuer pour nous les conséquences désastreuses en variant nos cultures, plus que cela n'a été fait.

Sans vouloir dissimuler ce qu'il peut paraître de fondé dans ce reproche, il convient aussi de ne pas se faire illusion sur les difficultés d'une pareille transformation. Ce n'est pas impunément que les événements attachent un pays ainsi, exclusivement, durant des siècles, à la production d'une seule denrée principale. L'intelligence de ses hommes est tout entière tournée vers cet objectif; tous leurs efforts, toutes leurs recherches, ne tendent, qu'au perfectionnement de l'industrie à laquelle ils ont consacré leur fortune et leur existence. L'outillage une fois créé, les perfectionnements réalisés ou seulement tentés, le pays hésite à sacrifier le capital fixe ainsi accumulé pour des expériences qui sont l'inconnu. Ce sont des difficultés de cette nature, et aussi des avantages inhérents à cette autre culture, qui ont empêché les cultivateurs français d'abandonner la betterave, malgré la crise que depuis longtemps on a vue venir, et qui font qu'aujourd'hui on emploie tout, en France, pour la défendre.

D'autre part, est-il vrai qu'on n'ait rien tenté parmi nous? Lors de la guerre de sécession aux États-Unis, la culture du coton a été entreprise : elle n'a guère donné que des mécomptes; aujourd'hui nous ne pouvons y compter, à côté des grands pays : l'Inde, les États-Unis, qui en produisent des quantités considérables à des conditions merveilleuses de bon marché. Ces dernières années, nous avons vu l'exportation du coton diminuer chez nous de plus en plus, malgré les primes d'encouragement servies par le Conseil général.

Le tabac a été également essayé plusieurs fois par l'industrie privée. En ce moment, nous assistons à une expérience officielle, dont la colonie paye les frais, et qui n'a pas encore fourni ses résultats définitifs, mais qui prouve que nous ne perdons pas de vue les améliorations nécessaires.

Le café, le cacao, ont été, de même, primés ; le Conseil général a dû, tout récemment retrancher ces primes, en raison du peu de résultat qu'elles avaient procuré ; mais il faut dire aussi que, avec la constitution de notre sol, avec sa faible épaisseur de terre végétale, ces plantes ne peuvent réussir indifféremment sur tous les points.

La culture du roucou est nécessairement limitée par les besoins de la consommation, qui n'a pas, pour cette denrée, l'élasticité qu'elle présente pour d'autres, sans compter les crises continuelles auxquelles l'exposent les tentatives faites ailleurs sur l'application des couleurs minérales.

Nous ne négligeons même pas les expérimentations sur la *ramie*, qui n'est encore, on peut le dire, que dans le domaine de l'avenir, pour tous les peuples qui ont nos mœurs et notre organisation.

Il ne faut pas perdre de vue non plus que toutes les îles de notre archipel qui présentent la même constitution tellurique et climatérique, les mêmes conditions d'existence, ont subi notre même fortune et ont été entraînées aux mêmes fautes : Sainte-Lucie, la Dominique, Antigues, Saint-Christophe, etc.

Quoi qu'il en soit, l'heure a sonné où il faut prévoir au salut commun : les récriminations sont inutiles. Aussi bien que la France, décidée à défendre la betterave, nous avons à défendre la canne et le sucre colonial.

Il est important que nous établissions ici la situation respective des deux sucres : de betterave et de cannes, en France et dans la colonie.

En France, le fabricant de sucre obtient par le procédé de la diffusion, un rendement de 6.50 pour 100 en sucres bruts, lequel, à 88° en moyenne, donne un rendement *en raffiné* de 5.72 pour 100 sur le poids de la betterave.

Pour la canne, le rendement a été, à la Guadeloupe, en 1883, dans les usines les plus perfectionnées, de 9.20 pour 100 en sucres turbinés. Pour ramener ce rendement au raffiné, comme nous avons fait de la betterave ci-dessus, il faut prendre la base suivante :

$$
\begin{array}{ll}
6.90 \ 1^{er} \text{ jet à } 97^\circ = 6.69 \ \text{sucre pur.} \\
1.50 \ 2^e \text{ jet à } 88^\circ = 1.32 \quad — \\
0.80 \ 3^e \text{ jet à } 80^\circ = 0.64 \quad — \\
\hline
9.20 \qquad\qquad\quad 8.65 \ \text{sucre pur.}
\end{array}
$$

9.20 pour 100 de sucre turbiné font 8.65 pour 100 de sucre pur.

D'après le *Journal des Fabricants de sucre*, un des organes les plus autorisés de l'industrie sucrière française, le prix de revient en fabrique, par 1,000 kilogrammes de betterave travaillée, est de 30 francs, impôt non compris. En voici le détail :

1º Achat de la betterave.................................... Fr.	20 »
2º Frais de fabrication	15 »
Ensemble.. Fr.	35 »
A déduire :	
Pulpe et mélasse..	5 »
Reste.. Fr.	30 »

Au rendement sus-énoncé de 5.72 pour 100, cela met les 100 kilogrammes de raffiné à 52 fr. 45 c. en fabrique.

Il faut ajouter, pour transport sur les marchés, fret, assurance, commission, etc., en moyenne 2 francs. Soit un total définitif de 54 fr. 45 c.

Pour la canne, voici les chiffres correspondants :

1º Achat de la matière première, les 1,000 kilogr..... Fr.	22	»
2º Frais de fabrication et de transport au point d'embar-quement..	17	»
3º Droits de sortie......................................	2	85
Ensemble......................................	41	85
A déduire :		
Ces mélasses, qui, soit que le fabricant les vende au distillateur, soit qu'il les distille lui-même, produisent par 1,000 kilogrammes de cannes................................. Fr.	2	50
Reste en dépense par 1,000 kilogrammes de canne travaillée.. Fr.	39	35

Or, le rendement en sucre pur étant de 8.65 0/0, le produit du travail de 1,000 kilogrammes de cannes est de 86 kil. 50, qui, au prix de revient de 39 fr. 35 donne 45 fr. 49 les 100 kilogrammes.

A quoi, en ajoutant pour transport en France, fret, assurance, commission, etc., 10 francs, nous obtenons 55 fr. 49 c.

Telle est la situation actuelle et comparative des deux sucres en France et à la Guadeloupe.

Maintenant quelles seront les conséquences, pour le sucre de betterave français, de l'application de la loi nouvelle, telle que la commission parlementaire l'a désignée?

C'est l'impôt sur la betterave, avec un rendement moyen pour le travail par diffusion de 5 pour 100 en raffiné, la première année.

De 5 pour 100, rendement légal au rendement effectif que nous avons déterminé plus haut, il y a un dépassement de 0.72 pour 100. Ce qui fait, sur 1,000 kilogrammes de betterave travaillée, 7 kil. 20 de sucre pur.

D'autre part, les 1,000 kilogrammes de betteraves donnent 30 kilogrammes de mélasse, d'où l'on extraira, *en franchise de droit*, 35 pour 100, au minimum, de sucre pur : soit encore 10 kil. 50. Au total, 17 kil. 70, qui, avec le droit à 45 francs, comme le veut projet de M. Lebaudy, constituent un *moins payé* à l'impôt de 7 fr. 96 par 1,000 kilogrammes de betteraves.

Or, avec ces nouvelles conditions, les frais se modifieront comme suit :

1º Achat de la betterave..	20	»
2º Frais de fabrication..	15	»
3º Frais supplémentaires pour l'épuisement des mélasses et l'amortissement du nouveau matériel................................	3	»
Ensemble.................................. Fr.	38	»
A déduire :		
Pulpe... Fr.	3	»
Reste en dépenses par 100 kilogrammes de betterave travaillée.. Fr.	35	»
Et si nous déduisons encore de ce chiffre le *moins payé* sur l'impôt, constaté ci-dessus...	7	96
la dépense se réduira en définitive à .... Fr.	27	04

Mais le rendement avec le travail des mélasses n'est plus de 5.72 pour 100, mais de 5.72 + 1.05 = 6.77. C'est donc 67 kil. 70

sucre pur qui reviendront en fabrique à 27 fr. 04. Soit 39 fr. 94 c. les 100 kilogrammes. Ajoutons 2 francs pour frais de transport aux lieux de vente : c'est un total de 41 fr. 94.

Le prix de revient de 100 kilogrammes de sucre de betterave, qui est dans *l'état actuel* de...................................... Fr.   54 45

devant être, par le *nouveau régime,* de.............................   41 94

C'est un boni définitif de.............................. Fr.   12 51

Cependant la situation du sucre de canne reste la même à ce point de vue. Les mélasses, résidu de la fabrication, ne représentent que 20 ou 25 kilogrammes par 1,000 kilogrammes de cannes. Et les 25 pour 100 de sucre cristallisable qu'elles renferment, y étant combinés avec quantité égale de glucose, ne sont pas extractibles par les moyens jusqu'à présent connus.

En résumé, le prix de revient des 100 kilogrammes de sucre de canne *raffiné* est de............. .... Fr.   55 49

Le prix de revient des 100 kilogrammes de sucre de betterave *raffiné,* avec la législation nouvelle, sera de...........   41 94

D'où une différence de .... Fr.   13 55

en faveur de la betterave par 100 kilogrammes de sucre raffiné.

Tels sont les chiffres dont il convient de tenir compte pour la compensation à accorder au sucre de canne.

Si ces chiffres sont un peu différents de ceux qu'a trouvés la commission administrative, c'est que celle-ci a calculé en comparant les sucres bruts de betterave et de canne, tandis que votre commission, Messieurs, a préféré tout rapporter au raffiné ; mais nos calculs n'infirment point la conclusion de la précédente commission.

Cette compensation nécessaire que nous demandons ne peut être trouvée, quoi qu'en ait pensé la commission parlementaire, dans une détaxe à l'entrée en France, qui ne serait profitable qu'aux sucres coloniaux exportés sur le marché français. La loi nouvelle attribuera une prime aux sucres métropolitains, même à leur sortie de France, quel que soit le lieu où ils sont dirigés. Si l'on désire que la mesure dont nos sucres seront l'objet soit réellement efficace, il est urgent que, comme les sucres métropolitains, nos sucres soient appelés au bénéfice d'une prime à la sortie égale à la prime dont jouiront ceux-là, et quel que soit aussi leur lieu d'exportation. Si cette prime pouvait être obtenue par l'établissement d'un système analogue à celui qui sera appliqué en France : par un impôt sur la matière première, la question serait par là même résolue, en tenant compte toutefois des différences imposées par la nature des choses. Mais l'établissement de l'impôt sur la matière première entraînerait, outre les sacrifices budgétaires exigés par les primes, des frais considérables pour la création d'un personnel spécial approprié à l'exercice des fabriques. Tout le monde paraît d'accord pour y renoncer.

Nous ne pouvons donc nous rallier qu'à la pensée d'une prime à la sortie, servie directement aux sucres coloniaux, quelle que soit leur destination. C'est la conclusion du groupe de la représentation coloniale, réuni et discutant les grands intérêts qu'il représente ; c'est la conclusion de la commission du comité central des fabricants de sucre français ; c'est la conclusion de la commission spéciale nommée par M. le gouverneur ; c'est celle à laquelle s'est, en dernier lieu, ralliée la Chambre d'agriculture de la Pointe-à-Pitre.

Réunissons-nous donc, Messieurs, pour fortifier encore, s'il est besoin, la représentation coloniale dans sa première résolution. Là seulement est le salut pour nous. Rappelons-lui toutefois que la prime de 6 francs qu'elle a précédemment indiquée est de moitié inférieure à la réalité.

La Chambre d'agriculture de la Pointe-à-Pitre, de son côté, émue de la grandeur du péril, puisque l'adoption de l'un quelconque des projets de loi connus aurait pour résultat de consommer la ruine de la sucrerie coloniale, vient d'adresser un vœu au Conseil général. Elle demande que le Conseil général délègue en France deux personnes compétentes. Ces délégués se mettraient à la disposition de nos députés, communiqueraient avec toutes les individualités intéressées en France à la question, et prêteraient à la cause des intérêts coloniaux le secours de leurs connaissances spéciales.

Votre commission, Messieurs, reconnaît qu'en ce moment la présence sur le lieu de la discussion de représentants autorisés des intérêts menacés serait d'une grande utilité ; l'importance de ces intérêts, la grandeur des dangers encourus, suffisent à justifier cette grave démarche. Mais votre commission pense, en même temps, qu'il n'appartient pas au Conseil général de donner une pareille délégation. Elle est donc d'avis que le Conseil général en renvoie l'accomplissement aux pouvoirs mêmes qui en ont eu la première pensée : aux Chambres d'agriculture et de commerce.

Le Rapporteur,
Dr ISAAC

DISCUSSION GÉNÉRALE

M. Isaac. — M. le rapporteur fait remarquer que le Conseil a à se prononcer sur deux questions. D'abord la nécessité d'une prime à la sortie, ensuite le vœu à émettre pour la nomination par les Chambres de commerce et d'agriculture de deux délégués.

M. Le Dentu constate que le rapport dont on vient d'entendre la lecture est si bien fait, si clair, si substantiel, que toute discussion devient à peu près inutile ; c'est ce qui explique le silence de l'assemblée.

M. le directeur de l'intérieur déclare adopter les conclusions de la commission.

M. Nicolas. — Ne serait-il pas opportun de fixer le chiffre de la prime à demander ?

M. le directeur de l'intérieur. — La fixation de ce chiffre est impossible pour nous ; il faudrait connaître les avantages qui seront faits aux sucres métropolitains, puisque la prime que nous réclamons sera la compensation de ces avantages.

M. Lacascade croit que nous devons avant tout demander à être traités sur le pied d'égalité. Les sucres de canne et les sucres de betterave doivent supporter les mêmes charges et jouir des mêmes faveurs ; nous arriverons à la parité de traitement par une prime à la sortie de la colonie. Nous sommes les enfants d'une même patrie, et on ne voit pas pourquoi les producteurs de la Guadeloupe seraient sacrifiés aux producteurs de la France.

M. Souques. — La commission nommée par le Conseil avait pour mission de rechercher par quels moyens nous pourrions arriver à obtenir pour nos sucres une situation analogue à celle qui sera faite aux sucres de betterave ; nous désirons maintenir l'équilibre entre les deux produits, et, pour y arriver, nous devons être traités sur le pied d'égalité. Nous avons été incité à accepter les conclusions contenues dans le rapport de M. Isaac par la décision prise par le gouvernement lui-même, relativement à la situation à faire aux sucres coloniaux. Cette décision est basée sur le principe d'égalité.

Comment arriverons-nous à ce résultat ?

M. le ministre de l'agriculture a déclaré qu'une situation identique devrait être faite à la canne et à la betterave ; tel a été le point de départ des recherches que nous avons dû faire.

Ces recherches demandaient la connaissance des lois en préparation, voilà pourquoi nous n'avons pu prendre plus tôt une décision.

Nous connaissons à peu près aujourd'hui le projet auquel s'est arrêtée la commission parlementaire, et qui sera soumis aux Chambres à la reprise de leurs travaux, le 20 mai.

C'est en face de ce projet qui nous sacrifie que les colonies se sont émues.

Deux manières d'obtenir l'égalité que nous demandons se présentaient : l'assimilation ou des avantages compensateurs.

L'assimilation est impossible, il faudrait nous soumettre à un système d'exercice ruineux pour notre pays ; en effet, nous avons ici environ 300 fabriques, grandes ou petites, demandant quatre employés chacune, deux de jour, deux de nuit, soit douze cents employés à 2,400 francs, représentant près de trois millions.

Une autre cause d'inégalité absolue vient de la différence de reddement entre les mélasses de canne et les mélasses de betterave.

Les mélasses de betterave donnent 30 pour 100 de la masse cuite, tandis que les mélasses de canne ne donnent que 18 à 20 pour 100. On voit par ces chiffres l'avantage qui reviendra aux fabricants betteraviers, s'ils obtiennent le droit de traiter librement leurs mélasses. Ce sera, en somme, une différence de 33 pour 100 en leur faveur.

L'orateur rentre ensuite dans quelques détails techniques et montre que les mélasses de canne renferment 25 pour 100 de sucre cristallisable et 25 pour 100 de sucre incristallisable, et que dans ces condistions l'on ne peut espérer extraire du sucre cristallisable. De ce qui précède on comprend que les mêmes lois ne peuvent être appliquées aux deux produits.

Il nous sera facile de faire la preuve de tout ce que nous avançons, il faut qu'on sache bien tout ce que nous pouvons retirer de notre matière première, et alors, alors seulement, on pourra nous accorder les justes compensations que nous demandons.

Jusqu'ici tout le monde est d'accord.

Mais quand notre personnalité va se montrer, quand nous viendrons mettre à nu la vérité, un ouragan de récriminations ne manquera pas de se déchaîner au milieu de la commission parlementaire et de ceux qui nous ont fait notre part dans les projets de loi à l'étude.

Dans les rapports de MM. Fouquet et Lebaudy on nous réserve des détaxes ridicules de 3 et 4 francs. Je ne crains pas de l'affimer, si on se contentait de nous accorder une détaxe de 4 francs, on aurait sonné le glas funèbre de toute la population coloniale.

Il faut que le Conseil général dise bien haut que tout le monde ici vit de la barrique de sucre.

Je me présente aujourd'hui le cœur plein d'angoisses : jamais depuis que les colons ont pénétré à la Guadeloupe un malheur aussi épouvantable ne s'est rencontré.

Nous avons supporté un terrible tremblement de terre qui a tout anéanti, cinq ans après, nous nous relevons. C'est qu'alors, rien n'avait été changé dans les conditions économiques du pays.

Aujourd'hui nous subissons un écrasement, nous assistons au deuxième acte de cette effrayante lutte de l'Allemagne contre la mère patrie ; après la guerre sur les champs de bataille, la guerre sur tous les marchés du monde, il faut que la France sache jusqu'où peut aller le coup qu'on veut nous porter.

Qu'on jette un coup d'œil tout autour de nous : partout la ruine, à la Dominique, à Saint-Christophe, à Saint-Martin, la prospérité disparaît et le hallier envahit les plantations naguère florissantes.

La France n'est pas dans une situation plus prospère ; la betterave subit le Sedan financier, dont nous ressentons le contre-coup, et la France cherche à se défendre en établissant de nouvelles lois pour se protéger. Mais si la mère patrie ne vient pas à notre aide comme elle veut le faire pour ses betteraves, nous ne serons pas seulement écrasés par nos ennemis d'outre-Rhin, mais aussi par nos frères de la métropole.

Il ne faut pas que nous succombions, parce qu'il ne se sera trouvé personne pour pousser le cri d'alarme, et dire au Parlement : « Prenez garde, si vous n'avisez au plus tôt, les colonies n'ont plus qu'à mourir », si vous ne vous défendez vous-même, personne ne vous défendra.

Pour donner des renseignements précis sur une situation, il faut qu'elle soit exactement connue. Or, il n'y a que quinze jours seulement que nous sommes fixés sur ce qu'on compte faire à notre égard.

Comme nous, nos représentants se sont émus, ils ont demandé pour nos sucres une prime de 6 francs à la sortie de la colonie ; cette prime est insuffisante, nous n'aurons pas de peine à le leur démontrer. Comment pourraient-ils se formaliser de la présence des délégués envoyés à leur aide pour la défense des intérêts de notre industrie, eux qui ne sont pas du métier ; on ne s'improvise pas instantanément fabricant de sucre depuis cinquante ans. Cette question des sucres n'a pas fait un pas, elle est toujours restée aussi obscure, elle comprend un ensemble de difficultés des plus compliquées, il faut sauvegarder de nombreux et graves intérêts, on se heurte sans cesse aux raffineurs, aux planteurs, aux fabricants ou aux exigences budgétaires.

Comme vous le dit votre commission, vos députés vont se trouver en face d'un inconnu, le *quantum* de la détaxe ; comment pourront-ils faire la démonstration des droits que nous revendiquons ? Comment pourront-ils se défendre si nous ne leur faisons parvenir les renseignements qui leur sont indispensables.

La présence de vos délégués à Paris est indispensable ; il ne faut pas qu'ils y aillent pour faire de la politique, mais pour s'occuper seulement de l'existence matérielle de la colonie, c'est le pain du lendemain qui est mis en jeu.

Il ne nous est pas permis à cette heure d'avoir d'autres aspirations ; voilà pourquoi nous avons pris la responsabilité des propositions de votre commission. Vous sentez comme nous qu'il y a quelque chose de grave à faire ; il faut que le Conseil envoie sans retard des représentants qui n'auront qu'un devoir à remplir : éclairer ceux qui sont loin de nous.

C'est à vous, Messieurs, que reviendra l'honneur de la victoire que nous remporterons, c'est à vous que la colonie sera reconnaissante de sa prospérité future ; nul de vous ne voudra se dérober devant une pareille responsabilité.

C'est donc avec la plus entière confiance que je fais appel à votre patriotisme et à votre dévouement pour approuver les conclusions de votre commission.

M. Le Dentu. — Je crois inutile de revenir sur les éléments d'étude si bien mis en lumière par le rapport que vous venez d'entendre. Permettez-moi seulement de vous présenter quelques considérations sur les caractères et les chances des démarches que nous allons tenter.

En dehors de cette enceinte, nous trouvons trop de doute sur le succès de notre entreprise ; pourquoi ? Parce qu'une partie de la question n'est peut-être pas absolument comprise par quelques-uns de nos compatriotes.

C'est la définition même de la prime qui apporte quelque trouble dans la confiance que nous devons avoir en nos droits, droit que personne ne songe à nous contester.

Cette idée de prime n'a rien d'anormal, elle ne comporte ni faveur, ni générosité de la part de ceux à qui on la demande.

L'orateur explique ensuite de quelle façon fonctionne le système des primes dans la législation économique.

Nous ne nous étendrons pas longuement sur les raisons qui prouvent que notre demande est juste ; du moment que le principe du principe d'égalité pour nos sucres et les sucres métropolitains a été adopté, il ne nous paraît pas possible qu'on nous refuse le seul traitement qui nous donnera les compensations auxquelles nous avons droit.

Ne croyez pas non plus que nous n'ayons aucune chance de succès ;

l'idée de prime n'est pas une idée nouvelle, elle a cours en France et n'a rien d'effrayant ; qu'il me suffise de vous citer l'opinion d'un des organes les plus autorisés de l'industrie sucrière en Europe ; il s'exprime ainsi à propos des résolutions prises par la commission parlementaire : *En ce qui concerne la détaxe de 4 francs pour les sucres coloniaux à leur entrée en France.*

Il y a peut-être une difficulté d'application en raison des traités de commerce existants. Dans tous les cas, il serait dangereux de n'appliquer la détaxe qu'aux sucres qui viendraient en France, car on appellerait ainsi un surcroît de production qui viendrait charger les marchés de la métropole. Je pense que la détaxe pourrait être accordée à la sortie des colonies et *qu'il y aurait même lieu de l'augmenter dans les cas où les sucres seraient dirigés sur les pays étrangers.*

Vous le voyez, nous ne poursuivons pas une chimère, et ce que nous faisons n'est pas la besogne du désespoir, mais celle de l'espérance.

On nous dit : comment pouvez-vous espérer que la France vous accorde une prime ? Quoi de plus naturel cependant, le principe de la restitution est accepté, et le législateur comprend suffisamment qu'en donnant quelques avantages aux sucres coloniaux pour se rendre sur les marchés étrangers, il protège par cela même les sucres métropolitains. En agissant ainsi, la France se protégera et nous protégera. Je termine en vous disant : nous avons tout lieu d'espérer.

M. LE DIRECTEUR DE L'INTÉRIEUR. — Je n'ai pas besoin de prendre la parole, vous connaissez les travaux de la commission du conseil et de la commission administrative dont j'avais l'honneur d'être le président. Je m'associe aux conclusions qui vous sont présentées.

Les conclusions de la commission mises aux voix sont adoptées à l'unanimité, moins deux abstentions.

M. LACASCADE. — Lorsque M. le gouverneur est venu nous rendre visite hier, et qu'on lui a exprimé le vœu de voir M. le directeur de l'intérieur accompagner les délégués des Chambres de commerce et d'agriculture de la colonie, il a accueilli favorablement cette pensée. Il est certain que, placé depuis longtemps à la tête de notre administration, enfant du pays, connaissant à fond les souffrances de nos populations, M. Isaac se trouve naturellement désigné pour accompagner les délégués dans la mission qu'ils vont remplir en France.

On vous a parlé des angoisses de la campagne ; ceux qui vivent au milieu de cette population des champs les connaissent bien ; ce ne sont pas seulement les grands fabricants qui font entendre leurs plaintes, ce sont surtout les petits planteurs qui fournissent 25 pour 100 de notre production annuelle. Depuis plusieurs mois, il est navrant de voir les colons partiaires se présenter aux caisses des acheteurs ; ils reçoivent en pleurant le peu qui leur revient, ils s'en retournent en gémissant, parce qu'ils gagnent à peine de quoi subvenir à leurs besoins, malgré un rude travail.

C'est au nom de ces petits planteurs que nous devons choisir un puissant défenseur; M. le directeur de l'intérieur a toute notre confiance, et, mieux que personne, il pourra présenter le tableau de nos souffrances.

Je prie donc le Conseil de se joindre à moi pour exprimer le vœu de voir M. le directeur de l'intérieur se joindre aux délégués.

M. Souques. — Nous ne pouvons tous qu'approuver la proposition de M. Lacascade; quoi de plus juste que de voir le Conseil général désigner un enfant du pays, un administrateur qui vous fait honneur et dont vous avez le droit d'être fiers, pour aller montrer à la métropole que la colonie est en danger de mort.

Personne ne s'étonnera de votre démarche; quand il s'agit de toute une population conduite à la ruine, l'envoi de représentants chargés de porter les doléances des victimes ne peut paraître extraordinaire.

Vous, administration, vous choisissez le plus digne, vous prenez celui pour lequel les uns ont une véritable affection, les autres une grande considération; ce sera la sentinelle avancée veillant sur nos intérêts. C'est le pays tout entier qui demande aujourd'hui M. le directeur de l'intérieur. Il viendra nous apporter le concours de ses lumières et de son expérience. Quand une puissance veut se faire représenter, elle n'hésite pas à choisir celui qui jouit de la plus grande considération. Plus que personne, M. Isaac peut contribuer à sauver le pays; ayant assez de cœur, il aura assez de force pour cette mission. Voilà pourquoi nous ne devons pas hésiter à demander à M. le gouverneur de se séparer momentanément de M. le directeur de l'intérieur. (Applaudissements.)

M. le directeur de l'intérieur. — Je remercie de tout mon cœur les membres du Conseil qui viennent de prendre la parole, de la confiance qu'ils m'ont témoignée; mais je dois, quant à la proposition dont ils ont pris l'initiative, faire mes réserves.

Je ne dépends pas de moi seul, Messieurs, dans l'exercice des fonctions qui me sont confiées. J'ai à recevoir des ordres et des directions auxquelles je dois me conformer. Dans le sein de la commission des sucres, j'ai dû, au surplus, présenter à cet égard certaines [objections que je suis dans l'obligation de reproduire ici. Je me suis demandé s'il était bien nécessaire d'adjoindre aux hommes compétents qui seront délégués par les Chambres de commerce et d'agriculture un administrateur sans spécialité.

Vous n'êtes pas non plus sans connaître ma situation actuelle, avant longtemps, peut-être, je n'aurai plus l'honneur de siéger au milieu de vous.

Ces objections faites, et les difficultés signalées, je ne puis vous dire qu'une chose, c'est que c'est à vous qu'il appartient d'apprécier la détermination à prendre. Si vous jugiez que ma présence en France fût nécessaire, ce que je ne crois pas, je ne pourrai, personnellement, que m'incliner devant ce que me demanderont les représentants de mon pays.

Après quelques observations présentées par MM. Célestin Nicolas, Raiffer, Dierle, Souques, le Conseil adopte, à une forte majorité, la proposition de M. Lacascade.

Conformément au vœu exprimé par le conseil, les chambres de commerce et d'agriculture de la Pointe-à-Pitre, de la Basse-Terre et de Marie-Galante se sont réunies et ont choisi pour délégués MM. E. Souques et R. Monnerot.

EXTRAIT D'UNE DÉLIBÉRATION

DU

CONSEIL D'ADMINISTRATION DE LA BANQUE DE LA GUADELOUPE

DU 7 MAI 1884

L'an mil huit cent quatre-vingt quatre et le mercredi 7 mai à 10 heures du matin, le Conseil d'administration se réunit en l'hôtel de la Banque sous la présidence de M. Zaepffel, directeur par intérim.

Sont présents :

MM. Ducos
Soucaret — Administrateurs
E. Rullier

MM. L. Monnerot — Censeurs
Beauperthuy

M. La Barbe, Inspecteur des services administratifs et financiers de la Marine et des Colonies, Censeur légal de la Banque, assiste à la séance.

M. Joubert, secrétaire du Conseil tient la plume.

Sur la proposition d'un des membres du Conseil, la question sucrière est mise à l'ordre du jour à l'occasion de la nomination de deux délégués envoyés en France par les chambres d'agriculture et de commerce pour défendre les intérêts de la sucrerie coloniale en vue de la nouvelle législation qui se prépare.

M. Rullier, administrateur, demande la parole et s'exprime en ces termes :

« Messieurs, Il y a quelques jours à peine, M. le Gouverneur, dont la sollicitude était mise en éveil par l'affreuse crise que nous traversons, se rendait à la Pointe-à-Pitre, à l'effet de consulter les hommes compétents sur la véritable situation du pays et de rechercher avec eux les moyens d'échapper à une ruine complète.

« Une commission était nommée parmi les personnes qui composaient la première réunion et son rapporteur M. R. Monnerot, vient de produire un travail où les effets et les causes de la crise sucrière sont indiqués d'une façon saisissante, ainsi que les moyens de remédier à l'état actuel des choses.

« En même temps que cette commission était instituée, M. le Gou-

verneur convoquait extraordinairement le Conseil général, et le dis-
cours qu'il a prononcé, à l'ouverture de cette session, dépeint, dans
un beau langage, la situation sous son véritable jour. Ainsi l'illusion
n'est plus possible, nous sommes en face d'une affreuse réalité qui ne
laisse entrevoir que la ruine la plus complète, et cela, à bref délai.
C'est une chose bien poignante, Messieurs, que de voir un pays
sombrer au moment où ses habitants redoublaient d'efforts et d'éner-
gie afin d'arriver, par une production considérable, à supporter les
bas prix de notre principale denrée, la seule qui nous fasse vivre.

« Les malheurs immérités qui nous ont frappés dans le passé
n'ont pas abattu notre courage : tremblement de terre de 1843, ouragan et choléra de 1865, sécheresses intenses pendant plusieurs années, destruction de la ville de la Pointe-à-Pitre en une nuit : tous ces
fléaux nous ont laissés debout, édifiant une fortune nouvelle sur les
ruines de l'ancienne. Mais la volonté la plus énergique à des limites
tracées et aujourd'hui ces limites sont devenues infranchissables. En
effet, que peuvent les forces humaines en présence de cette immense
ruine provoquée par le prix désastreux où est tombée notre principale
denrée ? La lutte n'est plus possible ! Nous n'aurions qu'à nous laisser
mourir, s'il ne nous restait encore une lueur d'espérance. La France
ne peut pas laisser périr ainsi des colonies qui ont été sa gloire à une
époque, et qui se sont montrées, en tout temps, dignes d'elle. Ne
sommes-nous pas Français aussi ? Nous avons prouvé dans bien des
circonstances que le cœur des enfants de la Guadeloupe battait à
l'unisson de celui des enfants de la mère patrie. Qu'elle nous con-
fonde alors dans une même sollicitude et qu'elle accorde à notre industrie, si digne d'intérêt, les avantages qu'elle fera à la sucrerie
indigène ! Vraiment les colonies devraient être chères à la France à
tous les titres. Ne sont-elles pas, pour me servir d'une image d'un
représentant de l'Assemblée nationale, comme le rayonnement de la
mère patrie sur les mers lointaines.

« Un dernier effort restait donc à tenter : celui d'aller implorer
ceux qui nous gouvernent. Ils doivent bien certainement ignorer notre
situation et les affreuses conséquences qui en résulteraient si leur
sollicitude nous abandonnait.

« Le pays tout entier a été d'avis de faire cette suprême démarche ;
tous les pouvoirs publics en ont reconnu la nécessité. En conséquence, MM. Souques et R. Monnerot, qui ont des intérêts considérables dans la colonie comme industriels et comme agriculteurs, et
dont l'intelligence et la connaissance de la question sucrière ont été
appréciées, surtout dans ces moments de lutte, sont chargés par les
chambres d'agriculture et de commerce d'aller défendre notre cause
auprès de ceux qui tiennent notre destinée en leurs mains.

« Le Conseil général a demandé à M. le Gouverneur d'envoyer

M. Isaac, directeur de l'intérieur, pour exposer la situation dans laquelle se trouverait l'administration au point de vue de la marche des services publics, si le seul élément des ressources budgétaires disparaissait, et, en même temps, défendre lui aussi, les intérêts du pays auprès des pouvoirs constitués.

« Nos délégués, dont le départ aura lieu le 10 courant, se mettront immédiatement en rapport avec les représentants de la colonie. Le pays compte sur tous ces efforts combinés pour arriver à vaincre les difficultés qui pourraient surgir en présence d'intérêts si divers et si opposés. Leur mission est difficile, délicate ; ils vont demander une loi de salut sans laquelle nous ne pouvons vivre.

« Nous avons la certitude que M. le ministre de la Marine et des Colonies et les membres de la Commission de surveillance des banques coloniales qui ont travaillé à la prospérité de nos établissements de crédit, ne nous abandonneront pas dans un pareil moment. Ils n'ignorent pas que nous ne vivons que par l'agriculture et que sa ruine entraînerait la nôtre. Nous ne pouvons admettre, dès lors, qu'ils ne s'intéressent au sort d'une malheureuse colonie qui ne demande qu'à vivre et à prospérer. »

M. L. Monnerot, censeur électif, ajoute qu'« il ne faut pas perdre de vue que les intérêts de la Banque sont étroitement liés à ceux de l'agriculture par les sommes importantes qu'elle verse chaque année à celle-ci à titre de prêts sur session de récoltes et qui ne représentent pas moins de trois fois son capital.

« Du reste, c'est grâce à ce puissant concours que notre production a pu s'élever au chiffre de 55,000,000 de kilogrammes de sucre. Il est donc hors de doute que la ruine de l'industrie sucrière entraînerait infailliblement la perte de notre seul établissement de crédit. Ce serait alors l'effondrement général de notre pays qui avait eu tant de peine à se relever des malheurs qui l'ont si souvent éprouvé. »

Le Conseil tout entier apprécie pleinement les considérations présentées par MM. E. Rullier et L. Monnerot et applaudit au choix qui a été fait des trois délégués.

FIN

IMPRIMERIE PILLET ET DUMOULIN

RUE DES GRANDS-AUGUSTINS, 5, A PARIS

IMPRIMERIE PILLET ET DUMOULIN
RUE DES GRANDS-AUGUSTINS, 5, A PARIS